U0901203

中国法治建设
年度报告
(2008)

中国法学会

新华出版社

图书在版编目（CIP）数据

中国法治建设年度报告．2008／中国法学会编著．—北京：新华出版社，2009.6

ISBN 978－7－5011－8820－8

Ⅰ．中…　Ⅱ．中…　Ⅲ．社会主义法制—建设—研究报告—中国—2008

Ⅳ．D920.0

中国版本图书馆 CIP 数据核字（2009）第 090451 号

中国法治建设年度报告（2008）

作　　者：中国法学会
责任编辑：董朝合
封面设计：肖　东
出版发行：新华出版社
地　　址：北京石景山区京原路 8 号
网　　址：http：//www.xinhuapub.com　http：//press.xinhuanet.com
邮　　编：100040
经　　销：新华书店
印　　刷：河北省高碑店市德裕顺印刷有限责任公司
开　　本：787mm×1092mm　1/16
印　　张：4
字　　数：30 千字
版　　次：2009 年 6 月第一版
印　　次：2009 年 6 月第一次印刷
书　　号：ISBN 978－7－5011－8820－8
定　　价：12.00 元

本社购书热线：（010）63077122　　中国新闻书店电话：（010）63072012

图书如有印装问题，请与印刷厂联系调换。电话：（0312）2838225

目　录

前　言

2008年是中国改革开放30周年。30年来，中国共产党领导中国人民不懈探索，开启了中国社会主义法治建设的新时期，开创了中国特色社会主义法治道路，依法治国基本方略深入实施，社会主义法治国家建设加快推进，执政理念和执政方式实现重大转变。30年来，中国的法治建设取得了伟大的历史性进步：立法工作成就巨大，以宪法为核心的中国特色社会主义法律体系基本形成，国家经济、政治、文化、社会生活等各方面基本做到了有法可依；法治政府建设稳步推进，各级行政机关及其工作人员依法行政意识普遍增强，依法行政能力和水平明显提高；司法体制和工作机制改革逐步深化，中国特色社会主义司法制度不断完善，促进了司法公正；普法教育深入开展，社会主义法治理念深入人心，法学教育和法学研究事业日益繁荣，全民法治观念、法律意识和社会法治文明程度不断提高。30年的实践充分证明，改革开放的伟大事业，为法治建设提供了强大的动力；法治建设的不断进步，为发展中国特色社会主义事业提供了有力的保障。30年来中国特色社会主义事业的发展和法治建设的巨大成就，从根本上反映了中国共产党、中国政府和中国人民对法治建设的高度重视和对法治建设规律性认识的不断深化，也从根本上体现了发展中国特色社会主义对加强法治建设的内在要求。

2008年的法治建设是在改革开放以来法治建设取得巨大成就的基础上的继续创新发展，通过深入开展学习实践科学发展观活动，以及党的十七大精神和胡锦涛总书记关于政法工作重要讲话精神“大学习、大讨论”活动，社会主义法治理念教育活动，进一步明确了我国法治建设的指导思想和政治方向；通过深入细致的调查研究和科学论证，以优化司法职权配置、落实宽严相济刑事政策、加强政法队伍建设、加强政法经费保障等为主要内容的司法体制和工作机制改革稳步展开；立法、执法、司法、普法、法律监督、法制宣传、法学教育、法学研究等各个环节整体推进，中国特色社会主义法治建设取得了丰硕成果；在举办北京奥运会、应对特大自然灾害和国际金融危机中，彰显了法治的促进、保障和服务作用。2008年，中国的法治建设成就卓著，谱写了法治文明发展的又一崭新篇章。

一、关于立法工作

2008年，中国积极推进科学立法、民主立法。根据经济社会发展客观需要，全国人大常委会通过了7件法律，审议了17件法律草案，国务院制定了30件行政法规，有立法权的地方人大及其常委会制定了230多件地方性法规，朝着2010年形成中国特色社会主义法律体系目标迈出了重要步伐。

（一）编制5年立法规划。

2008年是十一届全国人大组成后的第一年，为做好新一届人大的立法工作，在深入调研论证、充分听取各方面意见的基础上，根据必要性和可行性原则，全国人大常委会制定了第十一届全国人大常委会立法规划。立法规划着眼于形成并不断完善中国特色社会主义法律体系的目标，把对形成中国特色社会主义法律体系起支架作用的基本法律、实现科学发展和改革发展稳定急需的法律、立法条件比较成熟的法律，作为立法规划的主要内容和重点项目。立法规划涉及改善民生、完善市场经济体制、规范行政行为、健全司法制度、发展民主政治等7个方面64件法律项目，其中49件法律草案要求在十一届全国人大常委会任期内提请审议；15件法律项目先进行深入研究，待条件成熟时再安排审议。新的五年立法规划的制定，增强了国家立法工作的预见性，对提高立法质量，形成并不断完善中国特色社会主义法律体系，具有重要意义。

（二）加强以保障民生为重点的社会立法。

——审议食品安全法草案。食品安全关系人民身体健康和生命安全，是重大的民生问题。针对这些年食品安全问题比较突出，一些食品存在安全隐患，食品安全事故时有发生的情况，为了从制度上解决这些问题，更好地保证食品安全，全国人大常委会认真审议了食品安全法草案。这部法律草案涉及建立食品安全的风险监测和评估制度，即对食源性疾病、食品污染以及食品中的有害因素应当进行监测，对食品、食品添加剂中生物性、化学性和物理性危害应当进行风险评估。提出食品安全的国家标准是强制执行标准，由国务院卫生行政部门统一组织制定。国家对食品生产经营实行许可制度。食品生产者不得在食品生产中使用食品添加剂以外的化学物质和其他可能危害人体健康的物质。实行食品召回制度，食品生产经营者发现其生产经营的食品不符合安全标准的，应当立即停止生产经营，召回已经上市销售的食品，并通知各相关方。明确在食品安全监督管理中不得实施免检制度。食品安全法审议通过后，将进一步完善我国的食品安全法律制度，建立起保障食品安全的长效机制和法律屏障。

——修改残疾人保障法。中国目前有8000多万残疾人。为了发展残疾人事业，维护残疾人合法权益，增强全社会扶残助残意识，促进残疾人平等参与社会生活、共享社会物质文化成果，全国人大常委会对残疾人保障法进行了修改。这是惠及中国残疾人群体的一件大事，是进一步落实宪法关于尊重和保障人权的规定的又一项重大立法措施。这次修改的主要内容包括：从参与国家事务和社会事务管理、康复服务、教育权益、劳动就业、文化生活、社会保障以及法律援助等方面，完善或者增加了有关残疾人权益保障的规定。完善或者增加了关于无障碍环境的规定，从设施建设、信息交流和公共服务等方面作出了明确规范。充实了禁止歧视残疾人的规定，对一些严重损害残疾人合法权益的行为，规定了相应的法律责任。

——修订消防法。为了预防火灾和减少火灾危害，加强应急救援工作，保护人身、财产安全，维护公共安全，全国人大常委会修订了消防法。修订后的消防法进一步健全了消防安全管理制度，确立了政府统一领导、部门依法监管、单位全面负责、群众积极参与的消防工作机制，充实了农村消防、公安消防队伍应急救援、火灾公众责任保险等内容，细化了法律责任。

——制定劳动合同法实施条例。为了进一步完善劳动合同制度，保护劳动者合法权益，促进企业持续健康发展，依据劳动合同法，国务院制定了相应的劳动合同法实施条例。实施条例重点针对劳动合同法中比较原则的规定和社会上存在误解的条款，如无固定期限劳动合同、劳务派遣、经济补偿和赔偿金的适用等，作出了明确规定，从而维护了劳动合同法的严肃性和权威性，较好地处理了经济发展和社会就业的关系、企业发展和维护职工合法权益的关系、保护职工利益长远目标与现阶段目标的关系，努力实现用人单位和劳动者双方权利、义务关系的协调，保障了劳动合同法的顺利实施。

（三）加强进一步完善市场经济体制的立法。

——审议通过企业国有资产法。企业国有资产法是中国特色社会主义法律体系中起支架作用的重要法律，对于维护国家基本经济制度，巩固和发展国有经济，加强对国有资产的保护，发挥国有经济在国民经济中的主导作用，促进社会主义市场经济发展，具有重要作用。十一届全国人大常委会在前几届全国人大工作的基础上，经过两次审议后通过了这部法律。企业国有资产法围绕维护国有资产权益、保障国有资产安全、巩固和发展国有经济等核心内容确立了相关法律制度，主要有：将国家对企业的出资所形成的权益，界定为企业国有资产，纳入该法的统一规范和保护范围。规定了关系出资人权益的重大事项，如：重大事项的决定权限和决策程序，企业改制、与关联方交易、国有资产转让、资产评估等应遵守的基本原则，对企业的重大投资、提供担保、转让财产等行为防范风险的基本要求。建立了全方位避免国有资产流失、保障国有资产安全的预防体系。

——修改保险法。保险法是规范保险活动，促进保险业健康发展和国家金融体系完善的重要法律。保险法经全国人大常委会修改后，加强了对被保险人利益的保护。明确保险公司的组织形式可以是有限责任公司，严格规定了保险公司的设立条件和高级管理人员的资格条件，强调保险公司的全部注册资本必须是实缴货币资本。拓宽了保险公司业务范围和保险资金运用渠道，规定保险资金可以用来买卖债券、股票、证券投资基金份额等有价证券，可以投资于不动产。完善了保险公司的业务规则，增加规定了保险公司应当建立对关联交易的管理和信息披露制度、保险销售人员的资格管理制度以及保险公司对保险代理人的登记管理制度等。完善了保险公司市场退出机制，进一步明确了保险公司破产清算时的债务清偿顺序。

（四）加强应对突发事件的立法。

——修订防震减灾法。2008 年 5 月 12 日四川汶川发生特大地震后，如何更好地防御和减轻地震灾害，保护人民生命和财产安全，促进经济社会的可持续发展，成为全国人民普遍关注的重大问题。为此，全国人大常委会及时修订了防震减灾法。这次修订对我国近年来实施防震减灾法过程中行之有效的法律制度予以完善，对不适应新形势需要的法律制度予以修改，对防震减灾工作的成功做法，特别是对四川汶川抗震救灾的成功做法予以制度化。修订后的防震减灾法充分体现了以人为本的理念和科学发展的要求，增加了防震减灾规划制度，完善了地震监测台网的建设、余震监测等内容，增加了对学校、医院等人员密集场所建设工程抗震设防的要求，以及政府对农村民居抗震设防的管理与支持。完善了地震应急预案制度，增加了抗震救灾指挥部运行机制、救援力量统一指挥、紧急救援队伍建设、国际救援等方面的规定。增加了地震灾后过渡性安置和恢复重建的规定，明确了政府及有关部门的监督管理职责，设定了相应的法律责任等。

——制定应对重大事件的相关行政法规。汶川地震后，为保证灾后恢复重建工作依法有力有序有效地进行，国务院制定了《汶川地震灾后恢复重建条例》。条例明确了各级政府和国务院有关部门在恢复重建工作中的责任，明确了地震灾后恢复重建应当遵循的方针和原则等，对规范汶川地震灾后恢复重建活动，起到了积极作用。“三鹿牌婴幼儿奶粉”事件发生后，国务院废止了有关食品免检制度的规定，及时制定《乳品质量安全监督管理条例》，进一步完善乳品从牧场到餐桌全过程的质量安全管理，严格落实执法责任，维护人民群众生命健康安全。

（五）开展法律法规的清理工作。

——法律清理工作全面展开。全国人大常委会曾于1987年对1978年底以前颁布的法律进行过一次清理，并作出了相应的决定。为了不断完善中国特色社会主义法律体系，2008年，全国人大常委会再次开展了对法律的系统清理工作。清理的重点是解决法律规定明显不适应经济社会发展需要特别是明显不适应发展社会主义市场经济的需要，法律之间规定不尽一致或衔接不够，法律操作性不强、影响实施等问题。清理的目的是维护中国法制的统一，使中国特色社会主义法律体系不断完善，更加科学、统一、和谐，以适应社会主义经济建设、政治建设、文化建设、社会建设以及生态文明建设的客观需要。

——行政法规清理圆满结束。国务院自 2007 年开始对列入清理范围的 655 件行政法规进行逐件清理。2008 年 1 月，国务院公布了关于废止部分行政法规的决定，废止 49 件行政法规，宣布失效 43 件行政法规。这是中华人民共和国成立以来规模最大的一次行政法规清理，是国务院为加快建设法治政府、全面推进依法行政所采取的重大举措。

——规章清理顺利完成。根据国务院的统一部署，各省、自治区、直辖市和较大的市人民政府、国务院各部门对现行的部门规章和地方政府规章进行了全面清理。列入清理范围的 12695 件规章中，共废止 1977 件，宣布失效 196 件，修改 395 件，进一步提高了国务院各部门和省、市两级政府的制度建设质量。

（六）推进科学立法、民主立法。

——改革完善全国人大常委会立法工作。根据立法法规定，2008 年 4 月，全国人大常委会委员长会议决定，今后全国人大常委会审议的法律草案，原则上都在中国人大网上全文公布，对关系改革发展稳定大局和群众切身利益、社会普遍关注的重要法律草案，还要在中国主要新闻媒体上公布。这一决定大大增加了立法工作的透明度，实现了公布法律草案的常态化，是朝着立法民主化方向迈出的重大步伐。2008 年共有 11 部法律草案向社会公布，通过这种形式听取人民群众的意见，做到能够吸收的尽量吸收，并将吸收情况给予反馈。在审议防震减灾法修订草案过程中，人民群众共提出 7000 多条意见，对充实群测群防制度，增加国家鼓励、引导志愿者参加防震减灾活动，机关、团体、企业、事业等单位应当开展地震应急知识宣传教育和应急演练等意见，都吸收到了法律规定中；在审议食品安全法草案过程中，共收到各方面意见 11300 多件，对人民群众提出的有关理顺食品安全监督管理体制、对食品经营实行分层次管理、食品召回、保健食品管理等问题，全国人大常委会都认真进行了研究，并对法律草案作了相应修改。社会保险法草案向社会公布后，共收到 7 万多条意见，全国人大常委会法制工作委员会将收集的意见进行综合整理后，通过新闻媒体向社会进行了反馈。2008 年，全国人大法律委员会和全国人大常委会法制工作委员会还针对食品安全法草案中涉及的电子监管码等专业性较强、争议较大的问题，联合召开了立法论证会。

——改革完善国务院立法工作。为在制定行政法规过程中进一步提高公众参与度，国务院规定除涉及国家秘密、国家安全等内容外，行政法规草案全部公开征求意见。2008年，劳动合同法实施条例、彩票管理条例等22件事关人民群众切身利益的重要行政法规草案，受到社会各界的普遍关注、人民群众热情参与，仅劳动合同法实施条例草案就收到群众意见8.2万条。

二、关于依法行政

坚持依法行政，努力建设合法行政、合理行政、程序正当、高效便民、诚实守信、权责统一的法治政府，是全面落实依法治国基本方略的必然要求。2008年，中国各级政府在不断加强自身建设，大力推进依法行政方面，迈出了新步伐，取得了新成绩。

（一）自觉接受国家权力机关的监督。

中国的各级行政机关是各级国家权力机关的执行机关。行政机关依照宪法规定向同级国家权力机关报告工作，接受其监督，是确保行政机关依法行政的重要国家制度。2008年，为汶川地震后的灾后重建，需对2008年中央预算做出调整，为此，国务院于6月向全国人大常委会做了专题工作报告。全国人大常委会经过认真审议，批准了2008年中央预算调整方案，并同意建立灾后恢复重建基金。为应对国际金融危机，中央需采取一系列保持经济平稳较快发展的政策措施，为此，国务院向全国人大常委会做了专题工作报告。经全国人大常委会审议同意，在全国人民代表大会批准2009年中央预算前，国务院可以预拨一定比例的资金，保证重点建设项目的资金需求。

（二）加强政府自身建设。

——制定新的国务院工作规则。规则明确提出要“努力建设服务政府、责任政府、法治政府和廉洁政府”，规定了“实行科学民主决策，坚持依法行政，推进政务公开，健全监督制度，加强廉政建设”五项准则，体现了中央人民政府加强自身建设、建设人民满意政府的执著追求和不懈努力。

——发布国务院关于加强市县政府依法行政的决定。市县政府是中国政权体系的基础，市县政府能否切实做到依法行政，很大程度上决定着法治政府建设的整体进程。为此，国务院发布了关于加强市县政府依法行政的决定，对推进市县政府依法行政工作做出明确部署和安排。决定下发后，各地方政府采取召开工作会议、制定实施方案、培训骨干人员等多种形式落实决定精神，对市县政府依法行政发挥了重要的促进作用。

——积极推进政务公开。政府信息公开条例自2008年5月1日起施行，这标志着中国政府信息公开工作走上了法制化轨道，政府信息公开成为各级政府施政的一项基本制度。条例实施以来，政府信息公开的工作机制不断完善，制度体系逐步健全，公开载体更加丰富，电子政务积极推行。在汶川地震抢险救灾过程中，相关信息及时全面的公开，为提升救灾效率、维护社会稳定等发挥了重要作用。

——加大行政问责力度。国务院2008年工作要点和关于加强市县政府依法行政的决定中，都强调要加快实行行政问责制。山西尾矿溃坝事件、三鹿牌婴幼儿奶粉事件发生后，一批相关的政府工作人员被追究责任。行政问责范围逐步明确，问责程序逐步规范，问责方式逐步向法治化转变，社会公众参与问责的积极性逐步增强。

（三）加强法规规章备案监督工作。

2008年，国务院共收到备案登记的地方性法规374件、地方政府规章581件、国务院部门规章152件，经审查对存在问题的44件进行了不同方式的处理，有效地维护了国家法制统一和政令畅通。全国31个省、自治区、直辖市政府法制机构共审查本级政府所属工作部门和下一级政府报送备案的规范性文件9925件，并对其中存在问题的295件作了不同方式的处理。

（四）认真落实行政复议制度。

行政复议制度是维护和监督行政机关依法行使职权，防止和纠正因违法或者不当的具体行政行为侵犯公民、法人和其他组织合法权益的重要法律制度。2008年，国务院共收到行政复议申请866件，比2007年增加23%，全国共收到行政复议申请78002件，平均审结率近96.1%，80%以上的行政复议案件基本实现了“案结事了”。通过行政复议，推动了政府依法行政，促进了一大批复杂的行政争议在基层得以化解，密切了政府与人民群众的关系。

（五）推进行政执法体制改革与创新。

通过体制改革与创新严格行政执法，是行政机关维护国家利益和公共秩序，维护公民、法人和其他组织合法权益，为科学发展创造良好法治环境的根本保障。2008年，市县两级政府加大了行政执法责任体系建设力度，20个省级人民政府规范了行政处罚自由裁量权，建立了行政处罚基准制度，提高了政府的执行力和公信力。

三、关于司法工作

发展社会主义民主政治，建设社会主义法治国家，要求建立公正高效权威的社会主义司法制度，保障社会公平正义。2008年，中国以加强对司法权力的监督制约为重点，抓住影响司法公正、制约司法能力的关键环节，从优化司法职权配置、落实宽严相济刑事政策、加强政法队伍建设、加强政法经费保障入手，深化司法体制和工作机制改革，取得了明显成效。同时，中国的审判、检察、公安、司法行政等工作，也取得了新的进展。

（一）人民法院工作。

中国各级人民法院是国家的审判机关。人民法院独立公正行使审判权，不受行政机关、社会团体和个人的干涉。2008年，中国各级人民法院共受理各类案件10711275件（含上年未结案806687件），审结、执结各类案件9839358件，审结案件数是1978年的19.5

倍。

——以打击犯罪、维护国家安全和社会稳定为重点审理刑事案件。2008 年共审结刑事一审案件 768130 件，其中审结爆炸、故意杀人、强奸、抢劫、绑架、故意重伤、重大盗窃等严重危害社会治安案件 261268 件，审结贪污贿赂、破坏市场经济秩序等经济犯罪案件 52173 件。全年共判处刑事被告人 1008677 人，其中五年以上有期徒刑至死刑的罪犯占 15.77%。在刑事审判工作中，人民法院坚持正确执行法律和宽严相济的刑事政策，进一步规范死刑复核工作，努力提高办案质量和复核工作效率，把好案件的事实关、证据关、程序关和法律关，确保每一起死刑案件的审判质量。对罪行较轻、主观恶性不大的罪犯依法适用缓刑、管制等非监禁刑。最高人民法院还积极推动量刑规范化试点工作，解决量刑尺度不统一问题。

——以保障民生、实现案结事了为重点推进民事审判工作。2008 年中国各级人民法院认真贯彻调解优先、调判结合的民事审判原则，共审结民事一审案件 5381185 件，诉讼纠纷标的金额 7955 亿元。其中合同纠纷案件占 54.00%，婚姻家庭、继承纠纷的案件占

24.54%，侵权、权属等方面的纠纷案件占21.46%。人民法院把保障民生作为推进民事审判工作的重点，对拖欠农民工工资或者劳动报酬的纠纷，对涉及农民工的劳动争议纠纷，着力提高司法保护的效率，较好地保护了农民工的合法权益。加大对经济困难的当事人特别是特殊困难群体的司法救助力度，完善了缓、减、免交诉讼费的具体条件、标准和措施。按照“面向农村、面向基层、面向群众”的要求，坚持和完善人民法庭巡回审理制度。从解决好广大农民最关心、最直接、最现实的利益问题入手，努力化解纷争，切实体现司法为民。

——以维护公民合法权益、促进行政主体依法行政为重点充分发挥行政审判职能。2008年共审结行政一审案件109085件，其中涉及房屋拆迁、房屋登记、规划等城建方面的案件28672件，涉及土地、林业、矿产等资源方面的案件18892件，涉及公安的案件10455件，涉及劳动和社会保障的案件7843件，涉及乡政府和农业的行政案件4493件。在行政审判工作中，对重大、复杂和有协调余地的案件，对政策性强、社会普遍关注、可能引发不稳定因素的案件，人民法院坚持依照法律规定，认真审慎地做好协调工作。特别是对由汶川地震等自然灾害引发的行政案件，人民法院认真研究相关的司法政策，促进了这类行政案件的受理和审理。为改革和完善现行行政案件管辖制度，最高人民法院还颁布了《关于行政案件管辖若干问题的规定》和《关于行政诉讼撤诉问题的若干规定》。

——认真解决执行难问题。中国的民事诉讼法规定，对发生法律效力的民事判决、裁定，以及刑事判决、裁定中的财产部分，由人民法院执行。2008 年，人民法院认真履行法定职责，共办结执行案件 2225419 件，执行结案的标的金额 5263 亿元。为解决多年来存在的执行难问题，最高人民法院制定了民事诉讼法执行程序的司法解释，并从 2008 年 11 月开始，在全国组织开展为期 8 个月的集中清理执行积案活动。

（二）人民检察院工作。

中国各级人民检察院是国家的法律监督机关，其职责是维护司法公正，保证法律的正确实施。人民检察院独立公正行使检察权，不受行政机关、社会团体和个人的干涉。2008 年，全国各级检察机关紧紧围绕经济社会发展大局，忠实履行宪法和法律赋予的职责，各项检察工作取得新进展。

——依法打击刑事犯罪。积极参与反分裂、反恐怖斗争，坚决打击危害国家安全犯罪，依法妥善处理发生在拉萨等地的打砸抢烧严重暴力犯罪案件。与有关部门密切配合，打击黑恶势力犯罪、严重暴力犯罪、多发性侵财犯罪和毒品犯罪，依法严惩走私、集资诈骗、非法吸收公众存款等严重经济犯罪。全年共批准逮捕各类刑事犯罪嫌疑人952583人，提起公诉1143897人。

——查办和预防职务犯罪。全年共立案侦查贪污贿赂、渎职侵权犯罪案件33546件41179人。其中，立案侦查贪污贿赂大案17594件，重特大渎职侵权案件3211件。查办涉嫌犯罪的县处级以上国家工作人员2687人。会同有关部门加强境内外追逃工作，抓获在逃职务犯罪嫌疑人1200人。围绕事关国计民生的重大建设项目以及职务犯罪多发行业和领域，加强职务犯罪预防工作，分析职务犯罪发案原因、特点和规律，及时建议有关单位和部门堵塞漏洞、健全制度。开展预防宣传和咨询，加强职务犯罪典型案例剖析，对国家工作人员进行警示教育。

——强化对诉讼活动的法律监督。把解决有罪不究、违法办案、侵犯人权问题作为2008年刑事诉讼法律监督的重点，监督行政执法机关及时向司法机关移送涉嫌犯罪案件3864件；监督侦查机关立案20198件，撤案6774件；决定不批准逮捕107815人、不起诉29871人；对侦查活动中滥用强制措施等违法情况提出纠正意见22050件次；对认为确有错误的刑事判决、裁定提出抗诉3248件。把解决裁判不公问题作为2008年民事审判和行政诉讼法律监督的重点，对认为确有错误的民事、行政判决和裁定提出抗诉11459件，提出再审检察建议5222件。把监督、防止超期羁押和减刑、假释不当等问题作为2008年刑罚执行和监管活动法律监督的重点，制定了关于监狱检察、看守所检察等规范性文件，落实羁押期限届满提示、超期羁押责任追究等制度。依法监督纠正减刑、假释、暂予监外执行不当4990人，对侵犯被监管人合法权益等问题提出纠正意见11660件次。

（三）加强司法解释工作。

最高人民法院和最高人民检察院高度重视司法解

释工作，不断规范司法解释程序，注意提高司法解释工作的透明度和公众参与度，确保司法解释质量。2008年，最高人民法院和最高人民检察院联合出台司法解释1件，最高人民法院出台司法解释17件，其中刑事司法解释3件，民事司法解释11件，行政司法解释2件，其他司法解释1件，最高人民检察院出台司法解释1件，为正确实施法律，公正高效审理相关案件，发挥了重要作用。

（四）公安工作。

——依法严厉打击严重刑事犯罪活动，以打黑除恶专项斗争为龙头，组织开展了命案侦破、打盗抢抓逃犯、打击经济犯罪、禁毒人民战争等专项整治行动，保持了对严重刑事犯罪活动的高压态势。2008年，中国公安机关所立刑事案件总量保持平稳，全国因刑事犯罪造成的伤亡人数略有下降，刑事犯罪造成的危害程度有所降低。

——加强社会治安防范，以社会治安防控体系建设为载体，切实加大了社会面管理和防范工作力度，全国社会面特别是大中城市的社会治安秩序良好。各级公安机关坚持开展重点治乱，因地制宜地组织开展了治爆缉枪、打击网络淫秽色情、扫黄打非等专项行动，集中整治了治安突出问题；进一步加大了治安案件的查处力度，扭转了一些地方、场所、部位治安秩序混乱的局面。

——全力维护北京奥运会、残奥会期间社会稳定。2008 年，中国把确保北京奥运会、残奥会安全顺利举行作为维护稳定工作重中之重的任务，明确提出平安奥运是北京奥运会成功的最大标志，是最重要的国家形象。各地各部门以实现“平安奥运”为目标，加强社会治安和维护稳定工作，加大了对暴力、恐怖活动的防范、打击力度，加大了矛盾纠纷排查化解力度，加大了社会治安防控力度，为北京奥运会、残奥会安全顺利举行作出了重大贡献。北京奥运会、残奥会期间，不仅有效防止了暴力恐怖事件、危害国家安全和社会稳定的重大事件的发生，而且北京等赛事举办城市和各地的刑事案件和治安案件大幅度下降，确保了奥运安全顺利，维护了国家良好形象，赢得了人民群众和国际社会的普遍赞誉和高度评价。

（五）司法行政工作。

——强化人民调解工作。人民调解是中国多元纠纷解决机制的重要组成部分，在化解社会矛盾、维护社会稳定、促进社会和谐中，发挥着重要作用。2008年，中国新成立了一批区域性、行业性调解组织，使全国各类调解组织达到82.74万个，人民调解员达到479万人。调解工作范围不断拓宽，从婚姻、家庭、邻里、损害赔偿等常见性、多发性民间纠纷的调解，发展到村务管理、劳动争议、医患纠纷、交通肇事等难点问题和纠纷的调解。全年共调解各类纠纷498.1万件，调解成功率达到96.9%。

——加强监狱劳教和刑释解教人员帮教安置工作。把刑释解教人员重新违法犯罪率作为衡量监管工作的首要标准，在加强管理改造、教育改造、劳动改造的同时，大力加强个别教育和心理矫治，教育改造质量不断提高。刑释解教人员帮教安置工作进一步加强，帮教率达92%、安置率达90%。

——深化社区矫正试点工作。社区矫正是对管制、缓刑、暂予监外执行、假释、剥夺政治权利等五种犯罪在社区进行矫正的非监禁刑罚执行活动，是中国司法体制和工作机制改革的一项重要内容。2008 年，已在 25 个省（区、市）的 10275 个乡镇（街道）展开社区矫正试点，累计接收社区服刑人员 27.4 万人，现有社区服刑人员 14.9 万人，社区服刑人员重新违法犯罪率约为 0.2%。

——推进司法鉴定管理工作。2008 年，司法鉴定管理体制改革进一步深入，研究制定了侦查机关内设鉴定机构和人员备案登记工作以及国家级司法鉴定机构遴选工作办法。开展了司法鉴定机构能力验证活动、司法鉴定认证认可试点，司法鉴定能力和鉴定质量进一步提高。加强制度建设，改进管理方法，司法鉴定管理工作机制和“两结合”管理体制进一步完善。完善岗位培训和继续教育制度，司法鉴定人队伍整体素质不断提高。

——加强律师、公证工作。2008 年 6 月 1 日，修订后的律师法开始实施。这次修订，进一步完善了律师执业许可、律师执业的组织形式、律师执业行为规范、律师在诉讼中的权利保障、律师行政管理和行业自律等方面的规定，为律师更好地履行职责，维护当事人的合法权益，维护法律的正确实施，提供了法律保障。截至2008年底，中国共有14467个律师事务所，执业律师达到156710人，全年办理诉讼和非诉讼业务共2598070件。2008年中国公证机关共办理公证事项9490275件。截至2008年底，全国共有公证处3035个，公证员11368人。

——完善司法考试制度。中国的国家司法考试是国家统一组织从事特定法律职业的资格考试，是中国司法制度的重要组成部分，是为国家选拔合格法律职业人才的一项重要工作。2008年司法部制定了改进国家司法考试工作的意见，进一步扩大了放宽报名学历条件地区，允许普通高校2009年应届本科毕业生报名参加考试，调整了四川等地震受灾地区的考试时间及报名方式，对中西部地区特别是民族区域自治地方实行了特殊政策。发布施行了《台湾居民参加国家司法考试若干规定》，有818名台湾居民报名参加2008年国家司法考试。允许台湾居民参加国家司法考试，为两岸架起了法律交流与沟通的一座新平台。

——做好司法协助和法律援助工作。2008年，中国与外国相互提出并执行的司法协助请求数量超过3000件，涵盖了贸易纠纷、海事运输、产品质量责任、保险、侵权、离婚、贪污、盗窃等诸多领域，有效地打击了犯罪，维护了正常经济、社会秩序和公民、法人的合法权益。截至2008年底，全国已建立法律援助机构3268个，形成了比较健全的法律援助工作网络，各级政府法律援助财政拨款66947.5万元，法律援助财政保障力度不断加大。全年办理法律援助事项546859件。

四、关于人权的法治保障

人权的全面发展是中国政府和中国人民不懈追求和努力的目标。2008年，中国政府着手制订第一个《国家人权行动计划》。2008年12月10日《世界人权宣言》发表60周年纪念日，中共中央总书记、国家主席胡锦涛致信中国人权研究会，提出“党和政府把尊重和保障人权作为治国理政的重要原则”，充分体现了中国共产党和中国政府对人权问题的高度重视。

——保障公民的生存权和发展权。生存权和发展权是中国政府首要保障的人权。2008年，中国经受了特大自然灾害的考验，灾害发生后，政府把抢救生命、社会救助、恢复重建迅速纳入法治轨道，最大程度地保障因灾受损公民在灾后的生存和发展。2月，国务院公布了《低温雨雪冰冻灾后恢复重建规划指导方案》，中央政府支持因灾倒房家庭每户重建两间基本住房，对湖南、贵州、湖北、江西、安徽、广西、四川等7个重灾省区低保户、五保户、困难户给予重点保障。

汶川地震后，国务院先后公布《汶川地震灾后恢复重建条例》和《国家汶川地震灾后恢复重建总体规划》，从基础设施重建、产业重建、生态环境修复、人口安置、城乡住房、公共服务、心理康复等各个方面提出明确要求。“三鹿牌婴幼儿奶粉”事件发生后，国务院进一步完善了乳品质量安全管理制度。扩大城乡医疗救助范围，城乡医疗救助共达760万人次。就业促进法开始实施，各级政府把促进就业作为重要职责，不断完善促进就业、以创业带动就业的相关政策，就业难的问题有所缓解，仅全国城乡残疾人的就业人数就达到2100多万人。加强和改进消防管理和道路交通管理，遏制群死群伤火灾事故和道路交通管理事故多发势头，全年因火灾和道路交通事故死亡人数有所下降。

——保障公民知情权、参与权、表达权、监督权。《政府制定价格听证办法》开始施行，规定定价机关制定关系群众切身利益的公用事业价格、公益性服务价格和自然垄断经营的商品价格等政府指导价、政府定价，应当实行定价听证。《政府信息公开条例》开始实施，这是人权的一个重大发展。

——保障公民的经济、社会和文化权利。首次实现城乡义务教育全部免除学杂费，对家庭经济困难的义务教育阶段学生，继续免费提供教科书和给予寄宿学生补助生活费，将进城务工人员随迁子女接受义务教育纳入公共教育体系。加大最低工资标准调整力度，提高失业保险金标准，调整企业退休人员基本养老金和落实积极就业政策，保障低收入群体的基本生活。扩大社会保险的覆盖范围，全国农民工参加工伤保险的人数达 3062 万人，全国参加城镇基本养老保险人数达 21474 万人。

五、关于知识产权保护

中国高度重视对知识产权的保护，1982年制定商标法，1984年制定专利法，1990年制定著作权法，1991年制定计算机软件保护条例，初步建立了知识产权保护的法律制度。2008年，中国首次制定并发布《国家知识产权战略纲要》，依法加大知识产权保护力度，取得了新的进展。

（一）知识产权保护的法律制度更趋完善。

2008年，全国人大常委会通过了《关于修改〈中华人民共和国专利法〉的决定》，这是中国专利制度发展历程中又一个重要的里程碑。修改后的专利法，对专利授权条件采用“绝对新颖性标准”，要求授予专利权的发明创造在国内外都没有为公众所知。取消了向外国申请专利须先申请中国专利的规定。在外观设计专利中增加了许诺销售的权利。加大对违法行为的处罚力度，增加了法定赔偿的规定，将假冒他人专利的罚款数额提高到违法所得的4倍，将没有违法所得的罚款数额提高到20万元。增加了关于强制许可的规定，规定为了公共健康目的，可以给予制造并出口专利药品到特定国家或者地区的强制许可。建立遗传资源信息披露制度，规定对违反法律、行政法规的规定获取或者利用遗传资源，并依赖遗传资源完成的发明创造，不授予专利权。

（二）知识产权行政执法保护取得新突破。

——深入开展知识产权行政执法专项行动。为严厉查处假冒、冒充专利案件，开展了为期一年的“雷雨行动”和“天网行动”。“雷雨行动”以打击知识产权违法行为，尤其是恶意、群体及反复侵权、假冒、冒充为主。“天网行动”以打击涉及专利的诈骗行为为主。两个专项行动大大遏制了专利侵权行为，有效维护了权利人和社会公众的合法权益。2008年各地共受理专利侵权纠纷案件1092件，其他专利纠纷案件34件，查处假冒他人专利案件59件，查处冒充专利案件601件。全年共出动执法人员17056人次，检查商业场所7671次，检查商品2110822件，向公安等部门移交案件21件，接受其他部门移交案件11件，跨部门执法协作327次，跨地区执法协作262次。共审批成立知识产权维权援助中心44个。

——依法查处商标侵权案件。全国工商行政管理机关共查处各类商标违法案件56634件，其中商标侵权假冒案件47045件，一般违法案件9589件。查处涉及侵犯港澳台和外国商标注册人权益的案件10965件。共收缴和消除违法商标标识1963万件（套），没收、销毁侵权商品2287万件，罚款46740万元，向司法机关移送涉嫌商标犯罪案件137件、犯罪嫌疑人145人。

——依法在进出口环节保护知识产权。全国海关共扣留进出口侵权货物9297批，涉及侵权货物数4亿多件。核准知识产权海关保护备案共2292件，新增的备案申请数量与2007年同期基本持平。

——依法保护奥运知识产权。举办“奥运知识产权保护论坛”，把涉及奥林匹克的专利侵权行为作为重点打击对象。共查处违法使用奥林匹克标志案件1721件，案值1659万元，罚款727万元。查处侵犯奥林匹克标志专有权案件5858件，案值3484万元，罚款2976万元，同时没收并销毁了一大批侵犯奥林匹克标志专用权的各类商品。全国海关切实履行保护奥林匹克标志专有权的工作职责，制止侵犯奥林匹克标志专有权的货物进出境，扣留侵犯奥林匹克标志专有权货物和物品约45万件，案值约人民币383万元，有效遏制了侵犯奥林匹克标志专有权货物和物品的进出口。监控和收到违法转播线索242条，查处违法网站117家，对84家网站采取关闭或停止接入等措施，责令33家网站删除内容或停止侵权行为，在互联网界产生了巨大震慑作用。公安机关严厉打击涉奥假冒盗版犯罪活动，及时破获假冒奥运金牌案、假冒奥运火炬案、制售假冒奥运纪念币等一批案件。国际奥委会表示“对北京奥运会电视转播和媒体报道情况非常满意”，“中国反盗版工作为全球奥运版权保护树立了榜样”。

（三）加强知识产权的司法保护。

——充分发挥民事、行政和刑事三种诉讼制度的作用，对知识产权提供全方位的司法保护。结合知识产权审判特点和实际，人民法院在民事审判方面加强调解，充分发挥民事审判在解决知识产权纠纷中的主渠道作用。在行政诉讼方面，人民法院认真履行对涉及专利、商标等授权确权案件和知识产权行政执法案件的司法复审职能，依法有效地监督和促进知识产权行政主管机关依法行政。在刑事诉讼方面，公安机关、人民检察院、人民法院各司其职，依法开展知识产权犯罪侦查、起诉、审判工作，预防和惩治知识产权犯罪。2008 年，全国各级人民法院审结知识产权案件 27876 件，比上年上升 32.58%。

——开展知识产权司法保护月活动。2008 年，人民法院开展了以“司法护权、激励创新”为主题的加强知识产权保护行动月活动，这是改革开放 30 年来中国在知识产权审判领域由全国法院举办的持续时间最长、主题鲜明突出、内容丰富多样的规模最大的一次专项行动。

六、关于法制宣传、法学教育和法学研究

开展法制宣传，繁荣法学教育和法学研究，培育法律人才和中华民族的法治文化，是中国实施依法治国基本方略的重要基础性工作。

（一）法制宣传进一步加强。

——发表《中国的法治建设》白皮书。2008 年 2 月，国务院新闻办公室发表《中国的法治建设》白皮书。白皮书从中国社会主义初级阶段的基本国情出发，围绕走中国特色社会主义法治发展道路这条主线，阐述了中国的法律体系、法律制度和实行依法治国的发展历程及取得的巨大成就，总结了建设社会主义法治国家的历史经验。这是中国关于法治建设的第一部白皮书，是中国第一次以政府文告的形式展现中国特色社会主义法治建设。

——深化普法依法治理工作。“五五”普法规划中期督导检查工作顺利完成。310 万名公务员参加了法律

知识考试，24 万农村“两委”干部接受了法制宣传教育，634 万企业职工受到法律知识培训，建成青少年法治教育示范基地 100 个，94% 的城镇中小学、85% 以上的农村中小学配备了法制副校长。表彰了第三批“民主法治示范村”，推进了农村和城市社区依法治理。法治城市、法治县（市、区）创建工作全面启动，全社会法治化管理水平明显提高。

——组织重大事件和重大主题的法制宣传。汶川特大地震后，司法部组织开展了以“加强法制宣传，共建美好家园”为主题的法律进灾区、进安置点、进帐篷、进活动板房、进工地的活动，在法制日报和中国普法网等媒体开辟专门栏目，宣传与抗震救灾和恢复重建工作相关的法律知识。通过举办“奥运法制宣传万里行”活动，印制奥运法制宣传手册、折页、海报，制作动漫公益广告《福娃说法》光盘，开展手机报奥运法制宣传等多种形式，扩大了奥运法制宣传的影响力和覆盖面。开展相关专项法律知识竞赛活动，参与者达 2600 多万人。利用相关法律的颁布实施日，开展专项法律的宣传日、宣传周、宣传月等活动。积极利用远程教育平台开展法制教育，全国直接收看的人数达1200多万人次。

——“百名法学家百场报告会”活动产生深远影响。由中共中央宣传部、中共中央政法委员会、司法部和中国法学会联合举办的“百名法学家百场报告会”法治宣讲活动，于2006年启动，到2008年已历时3年。3年中，“双百”活动在中国31个省、自治区、直辖市和新疆生产建设兵团的89个地、市、州，共举办报告会135场，直接听众38万人。近百名法学家到中国各地向各级领导干部和人民群众宣讲法治精神和法治理念，极大地推动了中国的法治建设，在全社会引起很大反响。

（二）法学教育和法学研究继续繁荣发展。

——法学教育是中国法治建设的重要组成部分。2008年，中国共有法学类专业院校系610多个，在校法科学生达到40万人。为解决中西部地区基层政法机关法律专业人才紧缺问题，开展了政法院校招录培养体制改革试点工作，在全国14个省、自治区、直辖市的25所政法院校招录5000多名学生。改革试点以司法业务综合素质培养为基础，以职业精神、基本技能和专业能力培养为核心，着重训练学生法律实务操作能力、综合表达能力和创新思维能力。

——繁荣法学研究是推进依法治国的内在要求。2008年，中国法学界以纪念改革开放30年为契机，对各法学学科30年来的进展进行了回顾和总结，形成了数量众多的研究成果。以关注重大事件、关注民生、积极回应现实问题为着力点，就重大自然灾害和国际金融危机中的法律问题等进行深入研究，为国家的决策提供法律对策和法学理论的支撑。中国法学会组织了改革开放以来第一次中国法学优秀成果奖的评选，有40篇（部）法学专著和法学论文获奖。2008年中国公开出版发行的法学、法律类期刊600多种，发表论文数量在3万篇以上。

七、关于国际交流与国际合作

2008年，中国与国际社会积极合作，采取多种形式开展涉外领域的法治交流，涉外领域法治建设成绩显著。

（一）参与有关国际立法。

——在反恐立法方面，中国派团参加了联大反恐特委会2008年会，继续参与《关于国际恐怖主义的全面公约》的谈判，表达了希望有关各方能就公约的遗留问题尽快达成共识，尽早完成该公约的制定，以健全打击恐怖主义的国际法律框架的立场。中国还在联合国大会等国际舞台，重申联合国及其安理会、大会应在国际反恐斗争中发挥主导与协调作用的主张，支持通过制定国际公约加强打击恐怖主义的国际合作，并切实履行条约义务。在现有13项反恐国际公约中，中国已经参加了其中11项，签署了《制止核恐怖主义行为国际公约》。

——在反腐败方面，派团参加了《联合国反腐败公约》第二届缔约国大会及各工作组会议，积极主张履约审查机制应严格遵循缔约国会议决议确立的原则，不得干涉缔约国内部事务，司法协助、资产追回、技术援助应作为履约审查的优先事项。

——在打击跨国有组织犯罪方面，派团参加了《联合国打击跨国有组织犯罪公约》第四次缔约国大会，强调国际合作始终是履约工作的重点和优先事项，呼吁各国在尊重差异、增强互信的基础上加强合作，帮助发展中国家提高履约能力，反对以履约审查为名干涉别国内政。

——在外空活动和外空法方面，派团参加联合国外空委第51届会议，首次提出建设“和谐外空”概念，并强调指出，维护和加强外空法治、促进外空领域的国际合作，是建设和谐外空的重要保障，各国应对此共同努力。

——在国际刑法方面，分别组团参加了《国际刑事法院罗马规约》第六届缔约国大会续会和第七届缔约国大会。代表团重点参与了侵略罪特别工作组的讨论，主要涉及侵略罪和国家侵略行为的定义、法院行使对侵略罪管辖权的条件及侵略罪条款的生效程序等具体问题。

——在人权法方面，作为人权理事会成员之一，中国一贯重视促进、保护并大力发展本国人权事业，始终认真负责地履行理事会成员国的职责，积极参加各种人权机制运作和人权专题讨论，致力于促进国际人权对话与合作。2008 年 6 月，中国批准了《残疾人权利公约》，同年 8 月 31 日对中国生效。

——在海洋法方面，中国代表团在联合国大会上重申于 2007 年提出的“建立和谐海洋秩序”的理念和主张，强调建立和谐海洋秩序的根本目的，就是使海洋永久造福人类，人类持续回报海洋，要在科学和法治的基础上，实现人类与海洋之间的和谐，利用和保护之间的平衡，开放和管制之间的兼顾，先来和后到之间的公平。2008 年，中国有关方面积极进行 200 海里以外大陆架外部界限的研究工作。

（二）着力推进司法协助等领域的缔约工作。

——3 月 19 日，签署了《中国和秘鲁民商事司法协助条约》；4 月 3 日，签署了《中国和阿联酋刑事司法协助条约》；5 月 27 日，签署了《中国和韩国移管被判刑人条约》；7 月 11 日，签署了《中国和墨西哥引渡条约》；9 月 24 日，签署了《中国和委内瑞拉刑事司法协助条约》。

——4 月 24 日，全国人大常委会批准了《中国和澳大利亚引渡条约》、《中国和法国引渡条约》、《中国和科威特民商事司法协助协定》；6 月 26 日，全国人大常委会批准了《中国和阿尔及利亚刑事司法协助条约》、《中国和阿尔及利亚引渡条约》；8 月 29 日，全国人大常委会批准了《中国和日本刑事司法协助条约》、《中国和巴基斯坦刑事司法协助协定》、《中国和纳米比亚刑事司法协助条约》；10 月 28 日，全国人大常委会批准了《中国和葡萄牙引渡条约》；12 月 27 日，全国人大常委会批准了《中国和阿联酋刑事司法协助条约》。

（三）继续推进国际条约在香港、澳门的适用。

按照香港基本法和澳门基本法的规定，中国政府办理了中国参加的《残疾人权利公约》、《〈儿童权利公约〉关于儿童卷入武装冲突问题的任择议定书》、

《万国邮政联盟组织法第七附加议定书》、《〈国际遗传工程和生物技术中心章程〉关于中心所在地的议定书》、《泛美开发银行成立协定》、《泛美投资公司成立协定》、《多边投资基金II成立协定》、《非本地区国家加入泛美开发银行总则》等8项多边条约适用于香港特区和澳门特区的手续。办理了中国参加的《关于在国际贸易中对某些危险化学品和农药采用事先知情同意程序的鹿特丹公约》、《世界知识产权组织版权条约》、《世界知识产权组织表演和录音制品条约》等3项多边条约适用于香港特区、《2001年国际燃油污染损害民事责任公约》适用于澳门特区的有关手续。

（四）密切跟踪国际热点法律问题。

——在外空活动方面，根据国际外空活动的最新形势，中国空间法学界积极跟踪国际空间活动的法治问题，发表相关看法主张。中国空间法学会在北京召开了“空间立法名词”研讨会，专门就我国拟定空间活动管理条例相关问题进行研讨。

——在人道法方面，组团参加国际人道法地区研讨会，围绕“支援和平行动中和复杂紧急情况下的机构间合作及重建家庭联系”主题进行讲解。

——在气候变化问题上，派团参加气候变化公约第十四次缔约方大会（COP14）和京都议定书第四次缔约方会议（MOP4），强调气候变化是对全人类的挑战，落实公约和议定书的原则和规定，一要遵循“共同但有区别的责任”原则，二要充分体现公平原则，三要充分考虑发展中国家的发展需求。各国应按照公约、议定书和“巴厘路线图”的要求，在减缓、适应、技术转让和资金方面做出具体安排，采取切实行动，目前紧迫的是要确定发达国家中期量化减排指标。此外，中国还积极参加了安理会、联大气候变化高级别会议、APEC领导人非正式会议、亚欧峰会和东亚峰会以及中日韩、拉美、地中海等全球和区域多边会议关于气候变化问题的讨论，显示了中国在气候变化问题上的负责任态度。参加了在美国华盛顿召开的经济大国气候变化会议，同欧盟、日本、印度、澳大利亚、加拿大、英国等国举行了双边气候变化磋商，与法国发表了关于气候变化的联合声明，与澳大利亚发表了进一步密切在气候变化方面合作的联合声明，与日本发表了气候变化联合声明。中国和巴西、墨西哥、南非等也加强了气候变化磋商或协调。

（五）支持联合国决议，参加国际合作，积极打击海盗。

根据联合国宪章规定和安理会决议，2008年12月，中国海军开始在亚丁湾、索马里海域首次执行护航的任务，多次成功保护我国和外国商船，成绩卓著。

结束语

2008年，中国的法治建设成就巨大。2009年是中华人民共和国成立60周年，是到2010年形成中国特色社会主义法律体系关键的一年，是应对国际金融危机影响、保持经济平稳较快发展的重要一年。中国将从本国国情出发，继续全面落实依法治国基本方略，加快建设社会主义法治国家，坚定不移地走中国特色社会主义法治道路，坚持中国共产党领导、人民当家做主与依法治国的有机统一，坚持以人为本、促进和保障人权，坚持建设法治政府、推进司法改革，坚持在全社会进一步弘扬法治精神，依靠全体中国人民的共同努力，把中国的法治建设提升到新的水平。

附　录

（一）2008 年全国人大常委会制定和修订的法律目录（7 件）

1. 中华人民共和国水污染防治法
2. 中华人民共和国残疾人保障法
3. 中华人民共和国循环经济促进法
4. 中华人民共和国企业国有资产法
5. 中华人民共和国消防法
6. 中华人民共和国防震减灾法
7. 全国人民代表大会常务委员会关于修改《中华人民共和国专利法》的决定

（二）2008 年国务院制定和修改的行政法规目录（30 件）

1. 国务院关于修改《价格违法行为行政处罚规定》的决定
2. 护士条例
3. 土地调查条例
4. 国务院关于修改《中华人民共和国个人所得税法实

施条例》的决定

5. 地质勘查资质管理条例
6. 武器装备科研生产许可管理条例
7. 历史文化名城名镇名村保护条例
8. 证券公司监督管理条例
9. 证券公司风险处置条例
10. 生猪屠宰管理条例
11. 汶川地震灾后恢复重建条例
12. 对外承包工程管理条例
13. 国务院关于修改《营业性演出管理条例》的决定
14. 民用建筑节能条例
15. 公共机构节能条例
16. 国务院关于经营者集中申报标准的规定
17. 中华人民共和国外汇管理条例
18. 中华人民共和国畜禽遗传资源进出境和对外合作研究利用审批办法
19. 国务院关于修改《外商投资电信企业管理规定》的决定
20. 中华人民共和国劳动合同法实施条例
21. 乳品质量安全监督管理条例

22. 中华人民共和国外国常驻新闻机构和外国记者采访条例
23. 中华人民共和国增值税暂行条例
24. 中华人民共和国营业税暂行条例
25. 中华人民共和国消费税暂行条例
26. 草原防火条例
27. 森林防火条例
28. 国务院关于修改《中华人民共和国公路管理条例》的决定
29. 国务院关于修改《中华人民共和国水路运输管理条例》的决定
30. 国务院关于修改《中华人民共和国航道管理条例》的决定

（三）2008 年最高人民法院、最高人民检察院发布的司法解释（19 件）

1. 最高人民法院关于行政案件管辖若干问题的规定
2. 最高人民法院关于行政诉讼撤诉若干问题的规定
3. 最高人民法院关于审理注册商标．企业名称与在先权利冲突的民事纠纷案件若干问题的规定

4. 最高人民法院关于涉台民事诉讼文书送达的若干规定
5. 最高人民法院关于审理非法行医刑事案件具体应用法律若干问题的解释
6. 最高人民法院关于适用《中华人民共和国公司法》若干问题的规定（二）
7. 最高人民法院关于审理船舶碰撞纠纷案件若干问题的规定
8. 最高人民法院关于刑事第二审判决改变第一审判决认定的罪名后能否加重附加刑的批复
9. 最高人民法院关于内地与香港特别行政区法院相互认可和执行当事人协议管辖的民商事案件判决的安排
10. 最高人民法院关于债权人对人员下落不明或者财产状况不清的债务人申请破产清算案件如何处理的批复
11. 最高人民法院关于审理民事案件适用诉讼时效制度若干问题的规定
12. 最高人民法院．最高人民检察院关于办理非法采供血液等刑事案件具体应用法律若干问题的解释

13. 最高人民法院关于适用《中华人民共和国民事诉讼法》执行程序若干问题的解释
14. 最高人民法院关于适用《中华人民共和国民事诉讼法》审判监督程序若干问题的解释
15. 最高人民法院关于废止 2007 年底以前发布的有关司法解释（第七批）的决定
16. 最高人民法院关于适用停止执行死刑程序有关问题的规定
17. 最高人民法院关于当事人对具有强制执行效力的公证债权文书的内容有争议提起诉讼人民法院是否受理问题的批复
18. 最高人民法院关于调整司法解释等文件中引用《中华人民共和国民事诉讼法》条文序号的决定
19. 最高人民检察院关于拾得他人信用卡并在自动柜员机（ATM 机）上使用的行为如何定性的问题的批复